REIMS ET LA SALETTE.

REIMS

ET

LA SALETTE

ou

RÉPONSE A UNE NOUVELLE ATTAQUE

CONTRE L'APPARITION DE LA SALETTE.

NAMUR

J.-F. DOUXFILS, IMPRIMEUR-LIBRAIRE.

PARIS | **LYON**

J.-B. PELAGAUD ET Cie, | J.-B. PELAGAUD ET Cie,

Rue des Saints-Pères, 57. | Grande Rue Mercière, 50.

1859.

AU LECTEUR.

Cet opuscule est la réfutation des paroles prononcées, au dernier synode provincial de Reims, contre l'Evénement de la Salette, par Son Eminence le Cardinal Gousset.

Si quelqu'un trouvait qu'il y a témérité de notre part d'entrer en lutte avec un Prélat dont la vertu et le savoir font l'admiration du monde entier, nous le prierions de vouloir bien considérer qu'il s'agit ici d'un fait de libre croyance; que s'il est permis de l'attaquer, il ne l'est pas moins de le défendre, surtout quand l'autorité compétente l'a déclaré *certain* et *indubitable* et qu'on le sait admis comme tel par un très-grand nombre d'évèques de la catholicité, par le Souverain Pontife lui-même, pour ne rien dire d'une multitude innombrable d'autres hommes savants et pieux.

Au reste, en descendant dans la lice avec Mgr Gousset, nous avons moins compté sur nos propres forces que sur celles de la vérité, et nous pouvons nous rendre le témoignage que nous n'avons pas manqué *sciemment*, dans la discussion, aux égards dus à un prince de l'Eglise. Avant de livrer notre écrit à l'impression, nous l'avons soumis à quelques théologiens graves et instruits de France et de Belgique. Ils se sont accordés à nous donner cet avis : *Sauvegardez le respect dû à l'autorité épiscopale tout en défendant le Fait de la Salette.* Et ils ont jugé que nous avions réussi à remplir convenablement ce double devoir; ce qui était pleinement dans notre cœur, nous en fussions-nous écarté dans la forme.

Pour rendre notre réfutation plus complète, nous l'avons fait suivre de l'excellent opuscule de M. Rousselot, vicaire général de Grenoble, intitulé : *Résumé court et clair des motifs qu'un catholique a de croire à la réalité d'une apparition de la sainte Vierge sur la montagne de la Salette, le 19 septembre 1846.* Ce complément nous a paru nécessaire pour mettre le lecteur à même de se prononcer sur la Salette en toute connaissance de cause.

G......, le 1er janvier 1859.

REIMS ET LA SALETTE,

ou

RÉPONSE A UNE NOUVELLE ATTAQUE

CONTRE L'APPARITION DE LA SALETTE.

I.

Rendant compte dans le *Journal historique et littéraire de Liége*[1], de ce qui s'est passé au synode provincial de Reims, tenu du 5 au 8 octobre 1858, M. l'abbé Gilson, curé-doyen de Bouillon, met dans la bouche de Mgr le Cardinal-Archevêque de Reims les réflexions suivantes, que Son Eminence aurait prononcées dans son discours synodal, au sujet de la célèbre Apparition de la Salette :

« Quant à la dévotion à Notre-Dame de la Sa-
» lette, cette dévotion, considérée en elle-même, est
» respectable, et ne doit pas être blâmée : elle est
» l'expression de la vénération et de la confiance
» des fidèles envers la Reine du ciel. Accompagnée
» d'une pénitence sincère et d'une foi vive, elle peut
» être récompensée par des grâces et des faveurs
» extraordinaires. Mais il ne faut pas dire que ces

---

[1] N° de novembre 1858, t. XXV, p. 329, 330.

» faveurs sont accordées pour confirmer la réalité
» d'un miracle ou d'une apparition miraculeuse. Car
» la réalité du miracle, dont on fait remonter la date
» au 19 septembre 1846, n'a pas encore été constatée
» par l'Eglise : on peut même dire que ce miracle
» n'a pas encore subi sa quarantaine. Plusieurs
» prêtres respectables du diocèse de Grenoble et des
» diocèses voisins, plusieurs archevêques et évêques
» de France, non-seulement ne croient pas à ce
» miracle, mais ils désirent même que les fidèles n'y
» croient pas.

» En conséquence, Son Eminence ne permet
» pas encore de prêcher publiquement cette dévo-
» tion, et encore moins d'exposer la statue de Notre-
» Dame de la Salette à la vénération des fidèles
» dans les églises de l'archidiocèse de Reims.

» Lorsque les peuples ne confondront plus la
» dévotion envers la bienheureuse vierge Marie,
» honorée dans le sanctuaire récemment et heureu-
» sement construit sur la montagne si escarpée et si
» aride de la Salette, avec la réalité d'une appari-
» tion miraculeuse, on pourra sans inconvénient
» autoriser positivement cette dévotion. »

L'Apparition de la Salette étant un fait particulier, tout à fait en dehors de la révélation proprement dite, nous reconnaissons volontiers à Mgr
l'Archevêque de Reims, non-seulement le droit de
ne pas croire à la réalité de ce fait, mais encore
celui de ne pas autoriser, dans son diocèse, la dévotion qui en dérive. — A ce double point de vue,
l'acte posé par Mgr Gousset, au dernier synode
provincial de Reims, est parfaitement légitime.

Il nous est impossible d'en dire autant des motifs allégués par l'éminent prélat pour justifier sa décision. Pris dans leur généralité et tels qu'ils sont exposés dans le *Journal* de M. Kersten, ils nous paraissent inconciliables avec la logique et la théologie. Pour justifier Mgr de Reims, faut-il accuser M. l'abbé Gilson d'avoir falsifié le discours d'un cardinal? A Dieu ne plaise que nous ayons d'un prêtre respectable une si mauvaise opinion!

Nous considérons donc comme fidèle, l'analyse que le *Journal historique de Liége* donne du discours synodal de Mgr l'Archevêque de Reims touchant la Salette.

Nous allons soumettre ce discours à un examen impartial, mais respectueux pour l'illustre prélat qui l'a prononcé.

II.

Mgr l'Archevêque de Reims admet que la dévotion envers Notre-Dame de la Salette est bonne en elle-même. « Accompagnée d'une pénitence sincère » et d'une foi vive, elle peut, dit-il, être récompen- » sée par des grâces et des faveurs extraordinaires, » mais il ne veut pas « qu'on dise que ces faveurs » sont accordées pour confirmer la réalité d'un mi- » racle ou d'une apparition miraculeuse. »

Prises dans leur généralité, voici ce que peuvent signifier ces paroles :

En supposant vrais, réels et parfaitement constatés, les miracles obtenus par l'usage de l'eau et par l'invocation de Notre-Dame de la Salette, ils ne prouvent point la réalité de l'Apparition, ils prouvent seulement que la sainte Vierge, toute-puissante auprès de Dieu, s'est plu à exaucer miraculeusement ceux qui recouraient à elle avec foi et confiance, quoiqu'ils l'invoquassent sous un faux nom et avec une erreur matérielle dans l'esprit. Entre l'Apparition sur la montagne et les miracles opérés, il n'y a pas une liaison telle que de la réalité des miracles l'on puisse ou que l'on doive conclure à la réalité de l'événement de la Salette.

Au jugement d'hommes compétents, cette opinion renferme des conséquences si graves, elle est si peu théologique, qu'il nous est impossible de l'attribuer à un théologien tel que Mgr Gousset.

Cette manière de raisonner n'est ni théologique ni raisonnable. « Non, dit M. l'abbé Barthe [1], ce n'est pas un vrai théologien, ce n'est pas même un catholique judicieux qui a pu mettre au jour un si misérable subterfuge. Ils auraient vu, l'un et l'autre, que si leur principe était vrai, comme il est faux, Dieu pourrait donc, en excusant l'erreur d'un schismatique ou d'un héré-tique, à cause de leur bonne foi, accorder à

---

[1] *Pourquoi je crois à la Salette*, p. 169, 170. — Nous ne saurions trop recommander à nos lecteurs cet excellent opuscule où les motifs qu'un catholique a de croire à la réalité de l'Apparition de la Salette sont exposés avec une force de raisonnement, un ordre et une lucidité bien dignes d'un ancien professeur de philosophie et de l'auteur du remarquable ouvrage intitulé : *Appel à la raison sur la vérité religieuse*, dont la lecture a converti le Dr Platon-Vallars.

leur prière un miracle dont la conséquence logique serait de les confirmer dans cette même
erreur; or, Dieu peut bien tolérer l'erreur, c'est-
à-dire, ne pas l'empêcher, mais faire quelque
chose qui soit de nature à la favoriser, jamais;
employer surtout sa puissance à un acte qui
aurait logiquement la force d'une confirmation de
l'erreur, mille fois, jamais. Et de fait, si Dieu a
parfois accordé un miracle à la prière d'un homme
né dans l'erreur, ce n'a été que pour lui dessiller
les yeux, et le faire entrer dans le giron de son
Eglise.[1] — D'autre part, comment un théologien
digne de ce nom, comment un catholique judicieux n'auraient-ils pas vu que ce n'était là rien
moins que nier la force probante des miracles
obtenus par l'intercession d'un saint quelconque?...
Car, si Dieu pouvait, en faveur de ma bonne foi,
m'accorder un miracle que je lui demande au
nom du fait de l'Apparition de la Salette, dont
j'invoque directement le souvenir auprès de lui,
quoique cette apparition fût fausse, il pourrait de
même, à cause de ma bonne foi, m'accorder un
miracle que je lui demanderais au nom du fait de
la sainteté et de la gloire éternelle d'une âme que je
croirais au ciel, quoique cette âme se trouvât dans
l'enfer; et s'il le pouvait une fois, il le pourrait
vingt fois, cent fois, il le pourrait indéfiniment; il
pourrait donc m'entraîner ainsi par l'esprit et par

---

[1] On peut en voir un exemple frappant dans la *Vie de saint
Thomas de Villeneuve*, par M. l'abbé Dabert, vicaire général de
Viviers, p. 59. Paris, Sarlit. 1 vol. in-8.

le cœur, par la raison et par le plus naturel, le plus légitime des sentiments, la reconnaissance, à invoquer, à remercier, à honorer un damné que je croirais un saint; n'est-ce pas le comble de l'absurde et de l'impiété? »

Qui ne voit que cette manière de raisonner, non-seulement blesse la véracité de Dieu, mais rend impossibles la béatification et la canonisation des Saints?

« En effet, dit M. Rousselot[1], un serviteur de Dieu vient de mourir avec la réputation d'un saint. On s'empare des moindres objets qui lui ont appartenu : linges, vêtements, meubles, livres, tout est distribué et devient relique entre les mains des pieux fidèles. Un malade est guéri subitement en invoquant le défunt ; un autre recouvre la vue en appliquant sur ses yeux un linge qui appartenait au serviteur de Dieu ; un enfant mourant que l'on porte au tombeau qui vient de se fermer, recouvre tout à coup la vie et la santé. Tout le monde, à la vue de ces prodiges, s'écrie : *C'est un saint.* Non, répondent les opposants; *ces effets merveilleux, ces guérisons miraculeuses, sont dus à votre foi, à la confiance que vous avez à la bonté et à la puissance de Dieu! Celui que vous invoquez dans votre simplicité, que vous prenez pour un saint, n'est réellement qu'un réprouvé, parce qu'il n'y a pas de connexion nécessaire entre les miracles et la sainteté de celui auquel vous les attribuez.* Mais dès lors, que deviennent les procès de béa-

---

[1] *Un Nouveau Sanctuaire à Marie*, p. 121, 122.

tification et de canonisation des serviteurs et des servantes de Dieu? Ces longues et sages procédures de la congrégation des rites, sont-elles désormais possibles? Dès lors, que signifie cette congrégation elle-même? A quoi est-elle bonne? Dès lors, que signifie encore cet immortel et savant ouvrage de Benoît XIV sur cette matière? Selon la nouvelle doctrine des opposants, il n'est bon qu'à être jeté au feu. Voilà, cependant, où les conduit inévitablement leur belle manière d'expliquer les miracles opérés en faveur de l'Apparition de la Salette. Portée à Rome, cette doctrine échapperait-elle à la censure?

« Cette manière de raisonner des opposants, continue M. Rousselot, tend à *ébranler jusqu'aux miracles de l'Evangile.* En effet, les incrédules s'emparant de cette nouvelle et étrange manière d'argumenter, pourront dire que les plus grands miracles de l'Evangile n'ont pas une liaison nécessaire avec la divinité de celui qui les opérait. Les aveugles qui voient maintenant, les sourds qui entendent, les muets qui parlent, les malades qui sont guéris, doivent leur guérison à la vivacité de leur foi ; ils se trompaient en la demandant à Jésus-Christ, en croyant la tenir de Jésus-Christ. Ainsi tomberait le grand et invincible argument que la religion tire des miracles du Sauveur et de ses apôtres. »

Enfin, cette manière de raisonner anéantit les sanctuaires les plus révérés et les pèlerinages les plus célèbres de l'univers.

En effet, « si la sainte Vierge, dit encore

Rousselot, exauce indépendamment de l'erreur matérielle que j'ai dans l'esprit, dès lors la faveur extraordinaire ou la guérison merveilleuse que j'ai obtenue n'a plus de liaison nécessaire, ni avec le sanctuaire où je me suis transporté, ni avec le titre sous lequel j'ai invoqué la divine Marie. Autant valait-il la prier dans ma chambre ou dans mon jardin ! Voilà cependant où en sont arrivés les opposants ! Plutôt que d'admettre le pèlerinage de la Salette, ils ont imaginé un principe qui tend à la destruction de tous les autres pèlerinages, un principe qui est en opposition avec le sentiment de l'Eglise, avec la pratique des chrétiens de tous les siècles [1] ! »

Telles sont les graves conséquences qui découlent du raisonnement que nous avons exposé plus haut, et qui semblent se déduire des paroles de Son Eminence le cardinal Gousset. Ce raisonnement blesse 1° la souveraine véracité de Dieu ; 2° il rend impossibles la béatification et la canonisation des Saints ; 3° il ébranle jusqu'aux miracles de l'Evangile ; 4° il anéantit tous les sanctuaires de Marie et des Saints.

Se peut-il qu'un théologien comme Mgr Gousset, soutienne une opinion qui renferme d'aussi fâcheuses conséquences ? En vérité, nous ne pouvons le croire.

Il faut donc donner une autre interprétation aux paroles du savant prélat.

Ces paroles peuvent signifier que les faits répu-

[1] *Ouv. cité*, p. 120.

tés miraculeux, mais postérieurs à l'événement du 19 septembre 1846, ne suffisent pas à Son Eminence pour établir, *hic et nunc*, dans cette circonstance particulière, la certitude d'une apparition miraculeuse.

Entendues ainsi, c'est-à-dire, dans le sens d'une application spéciale, les paroles de l'éminent prélat n'expriment, sur la réalité de l'Apparition de la Salette, qu'une appréciation qu'il lui est libre de faire, mais qui porte le cachet d'une critique outrée et inadmissible.

En effet, Mgr de Reims ne peut pas admettre, nous l'avons vu, la doctrine si pleine de périls de ceux qui posent en thèse générale que les miracles ne prouvent pas la vérité d'un fait. Dès lors, pour donner à sa négation de la réalité de l'Apparition de la Salette, une apparence de raison, et pour infirmer la preuve de cette apparition tirée des miracles postérieurs à cet événement, l'illustre Archevêque doit dire, ou que ces miracles ne sont pas *suffisamment* constatés, ou, quoique constatés, qu'ils n'ont pas été *directement opérés* pour prouver l'Apparition même.

De ces deux hypothèses, l'une n'est pas plus soutenable que l'autre.

C'est le propre d'un esprit sensé, dirons-nous avec l'Ange de l'école, de n'exiger pour chaque chose, pour chaque circonstance, que la mesure de preuves et de témoignages qui leur convient et qu'elles comportent.[1] S'agit-il, par exemple, d'un

---

[1] Disciplinati... hominis est, tantum de unoquoque fidem cupere,

miracle obtenu par l'intercession d'un saint béatifié ou canonisé, quel degré de preuve est requis
pour qu'on puisse dire que le fait est *suffisamment*
constaté ? J'ouvre le concile de Trente, et je vois
(*Sess.* xxv) que c'est aux évêques du lieu où se
produit un miracle nouveau , qu'il appartient de
le constater et de le publier. J'ouvre également
l'immortel traité de Benoît XIV, *de la Béatification et de la Canonisation des serviteurs de Dieu*
(liv. ii, chap. i, n° 13), traité qui fait loi dans
l'Eglise, et j'y lis ce qui suit : « Relativement aux
» serviteurs de Dieu béatifiés ou canonisés, les évê-
» ques peuvent, par leur autorité ordinaire, non-
» seulement instruire le procès sur les miracles,
» mais aussi, en prenant les mesures et les précau-
» tions marquées par le saint Concile de Trente,
approuver et publier ces mêmes miracles.[1] »

Il est évident, d'après le Concile de Trente et la
doctrine de Benoît XIV, qu'un miracle obtenu par
l'intercession d'un saint béatifié ou canonisé est
suffisamment constaté pour un catholique, quand
il est reconnu et approuvé par l'évêque diocésain.

Or, voici deux faits de guérison surnaturelle
dus à l'intercession de Notre-Dame de la Salette ,
canoniquement examinés, discutés, constatés, re-
connus par l'autorité compétente.

---

tentare, quantum natura rei permittit. (S. Thom. C. Gent., lib. 1,
cap. 3.)

[1] Si sermo convertatur ad canonisatos vel beatificatos,... non so-
lum possunt Ordinarii sua auctoritate ordinaria processus conficere
super miraculis, sed adhibitis cautionibus à sancto Concilio Triden-
tino præscriptis, possunt etiam miracula approbare et publicare.

Le premier est la guérison de Mlle Antoinette Bollenat d'Avallon, déclarée miraculeuse par jugement de Mgr l'Archevêque de Sens, en date du 4 mars 1849, rendu en ces termes :

« Nous, Mellon-Jolly, par la miséricorde divine et la grâce du saint-siége apostolique, archevêque de Sens, évêque d'Auxerre, primat des Gaules et de Germanie,

» Vu le rapport de la commission nommée par nous, le 24 février 1848, pour procéder à une enquête juridique sur les faits relatifs à une guérison extraordinaire arrivée à Avallon, le 21 novembre 1847, en la personne d'Antoinette Bollenat, après une neuvaine à la très-sainte Vierge ;

» Vu les interrogatoires des témoins et médecins, en date des 7, 8 et 14 janvier 1848;

» Vu les certificats et pièces annexés à ces interrogatoires ;

» Vu le rapport à nous présenté, le 20 février 1849, par M. l'abbé Chauveau, notre vicaire général, chargé par nous de l'examen de cette affaire et d'en discuter les faits;

» Vu la conclusion du rapport ;

» Après avoir pris l'avis de notre conseil,

» Le saint nom de Dieu invoqué,

» Déclarons, pour la gloire de Dieu, la glorification de la très-sainte Vierge et l'édification des fidèles, que la guérison d'Antoinette Bollenat, opérée le 21 novembre 1847, après une neuvaine à la très-sainte Vierge, mère de Dieu, invoquée sous le nom de Notre-Dame de la Salette, présente toutes les conditions et tous les caractères d'une guérison miraculeuse, et constitue un miracle de troisième ordre.

» Donné à Sens, sous notre seing, le sceau de nos armes, et le contre-seing de notre vicaire général, secrétaire particulier, le 4 mars 1849.

» † MELLON, archevêque de Sens.

» Par mandement de Mgr l'archevêque,

» E. Chauveau, vic. gén. »

Le second fait est la guérison de Mme Bonnet déclarée miraculeuse par jugement de Mgr l'Évêque de la Rochelle, aujourd'hui cardinal Villecourt, en date du 12 janvier 1855.

« Clément, par la miséricorde de Dieu et la grâce du saint-siége apostolique, évêque de la Rochelle et de Saintes, assistant au trône pontifical.

» Après avoir entendu plusieurs fois M. Dières-Monplaisir, curé-doyen de la paroisse de Saint-Martin, île de Ré, dans notre diocèse, sur la guérison subite d'une de ses paroissiennes, madame Bonnet, atteinte, depuis plusieurs années, d'une maladie qui était jugée par tout le monde incurable, et qui néanmoins a été radicalement guérie à la suite d'une neuvaine faite par la malade à Notre-Dame de la Salette;

Ouï le témoignage spontané et impartial de plusieurs personnages ecclésiastiques et séculiers, hors de tout soupçon de supercherie et d'imprudence, qui avaient vu et connu ladite dame durant sa langueur, qu'ils avaient, comme tant d'autres, regardée comme mortelle;

» Après avoir fait un examen attentif et sérieux du procès-verbal demandé à M. Kemmerer, docteur-médecin dans l'île de Ré, lequel avait attesté l'impuissance absolue de tous les remèdes humains à l'égard de ladite malade, dont il atteste cependant la guérison authentique et surhumaine ;

» Notre conseil réuni et consulté,

» Les lumières du Saint-Esprit invoquées,

» Avons prononcé et prononçons que la guérison instantanée de ladite dame Bonnet ne peut être attribuée qu'à une intervention surnaturelle ;

» Et comme cette guérison, qui s'est opérée subitement et contre toute prévision humaine, a eu lieu à la suite de la neuvaine, ci-dessus mentionnée, à Notre-Dame de la Salette, nous ne balançons pas à croire que ce fait merveilleux est dû à la protection de la Reine du ciel, qui a voulu récompenser la confiance et la piété de sa fidèle servante, en ajoutant ce prodige à tant d'autres qui, de nos jours, attestent les heureux résultats de l'intercession de Marie auprès de son Fils.

» Donné à la Rochelle, sous notre seing, le sceau de nos armes, et le contre-seing de notre secrétaire, le 12 janvier 1855.

» ✝ CLÉMENT, évêque de la Rochelle
et de Saintes.

» Par mandement de monseigneur,

» H. Thublier, *secrétaire.* »

Deux miracles bien prouvés suffisent pour la béatification d'un serviteur de Dieu ; en voici deux canoniquement constatés, obtenus par l'invocation de Notre-Dame de la Salette, ne signifient-ils rien en faveur de la *réalité de l'Apparition?*

Au reste, si, au jugement de Son Eminence, ces deux miracles ne suffisent pas pour prouver la réalité du fait de la Salette, nous pouvons en citer d'autres également incontestables.

1° La guérison éclatante, publique , bien constatée de la sœur Saint-Charles, d'Avignon, *formellement* demandée en confirmation de l'Apparition même ; [1]

2° Celle non moins éclatante, non moins bien prouvée et publiée avec l'assentiment écrit de Mgr l'Evêque de Rennes, de Mme Marie François de Sales, religieuse visitandine ; [2]

3° Celle de M. l'abbé Martin, élève du grand séminaire de Verdun, publiée avec une déclaration expresse de l'Evêque ; [3]

4° Deux guérisons arrivées à Cambrai et dont feu Mgr le cardinal Giraud entretint le Pape réfugié à Gaëte, en 1849 ; [4]

5° Celle de sœur Marie de la Conception, de Bourges, ursuline; [5]

6° Celle de Marie-Angèle Lustrou, visitandine de Montélimart, dont Mgr Lyonnet, nouvel évêque de Valence, a été le témoin et dont il a permis et

---

[1] L'abbé Rousselot, *La vérité sur l'événement de la Salette*, p. 102 et suiv.

[2] *Id., Nouveaux documents sur la Salette*, p. 175 et suiv.

[3] *Ibid.*, p. 165 et suiv.

[4] *Ibid.*, p. 234 et suiv.

[5] *Ibid.*, p. 242 et suiv.

envoyé lui-même la relation ; et une infinité d'autres.

Toutes ces guérisons, parfaitement constatées, ont été obtenues par l'intercession de la sainte Vierge, invoquée sous le nom de la Salette, ou à la suite d'une neuvaine à Notre-Dame de la Salette, ou par l'usage de l'eau de la Salette. Encore une fois, ne signifient-elles rien en faveur du fait même de l'Apparition? Et s'il est vrai, au dire des opposants, que la sainte Vierge a été invoquée sous un nom renfermant une *erreur*, et par l'usage d'une eau qui n'a aucune *vertu*, d'où vient que l'on est exaucé ?

Si l'on nous objectait que toutes ces guérisons miraculeuses, bien qu'obtenues par l'usage de l'eau et par l'invocation de Notre-Dame de la Salette, n'ont pas été opérées en *confirmation de l'Apparition*, et par conséquent qu'elles ne prouvent pas la réalité du fait, nous répondrions avec Mgr Ginoulhiac « que nous ne pouvons admettre cette doctrine : que les miracles obtenus de Marie, invoquée comme Notre-Dame de la Salette, quelque nombreux, quelque constants qu'ils puissent être, ne suffiraient pas à établir le *fait de l'Apparition*, et que, pour rendre cette preuve décisive, il faudrait qu'ils fussent directement opérés pour prouver l'*Apparition* même.

» Quel est le théologien, quel est le canoniste qui, pour constater *suffisamment* des faits de ce genre, a jamais requis que les miracles qui en sont la suite, ou qui s'y rattachent, fussent formellement opérés en confirmation de ces faits ?...

» La Salette, il ne faut pas l'oublier, n'est pas une nouvelle doctrine, elle est une nouvelle grâce; » [1] ce n'est pas un enseignement nouveau, une nouvelle législation, ajoutés à l'enseignement et à la législation de l'Eglise, c'est un avertissement de plus. Et de bonne foi, est-il raisonnable d'exiger pour la constatation suffisante d'une simple grâce et d'un simple avertissement, les conditions rigoureuses que l'on requiert à peine pour établir la vérité de la révélation et la mission divine de ses auteurs ? [2] »

Au reste, l'Apparition de la Salette est prouvée en elle-même, par des preuves *directes*, tirées de la nature même du fait, du caractère des deux bergers qui en furent les heureux témoins, des prophéties que cette révélation renferme et que l'événement a justifiées.

Les miracles dans l'ordre physique comme dans l'ordre moral qui ont eu lieu à la suite de l'Appation sont des preuves à *posteriori*, qui dès lors ne peuvent pas être aussi directes que celles déduites des entrailles du fait lui-même. En déniant à celles-ci toute force probante en faveur de ce fait, sous prétexte qu'elles ne sont pas assez directes, on n'a pas renversé celles-là qui sont très-directes, et dont on ne parle pas.

Pourquoi Mgr de Reims passe-t-il toutes ces preuves sous silence ? Pourquoi encore le discour synodal ne souffle-t-il pas mot des conversions éton-

---

[1] *La sainte Montagne de la Salette*, p. 145.
[2] *Mandement du 4 novembre 1854*, p. 41, 42.

nantes, merveilleuses, obtenues sur des pécheurs endurcis, par l'invocation de Notre-Dame de la Salette, et par l'usage de l'eau de la fontaine miraculeuse? Est-ce que les miracles de *l'ordre moral,* ceux par lesquels Dieu agit sur la volonté de l'homme, sont moins dignes d'attention que ceux par lesquels il déroge aux lois constantes de la nature? La guérison de l'aveugle-né de l'Evangile, par exemple, est-elle un miracle plus grand que la conversion de saint Paul?

Sans entrer dans le détail des nombreuses conversions individuelles dues à l'invocation de Notre-Dame de la Salette, que nous pourrions citer[1], bornons-nous à mentionner celle des habitants du canton de Corps et des cantons limitrophes. Il est notoire qu'un changement notable en bien s'opéra subitement, après l'événement du 19 septembre 1846, dans les mœurs et les habitudes de ces contrées irréligieuses. « Un nombre prodigieux de pécheurs qui, depuis longtemps, vivaient dans l'oubli de Dieu, dans le mépris habituel de ses lois et des lois de l'Eglise, accoururent, dit Mgr Villecourt, pèlerin de la Salette en 1848, se jeter aux pieds des tribunaux sacrés; et les larmes amères et abondantes dont ils les inondaient, devenaient, pour les ecclésiastiques, dépositaires de leurs aveux et de leurs soupirs, la plus heureuse garantie d'une conversion sincère. J'avoue, ajoute l'illustre Cardinal, que de toutes les preuves

---

[1] Voir *la Salette devant la raison et le devoir d'un catholique,* par M. A. Nicolas, p. 368-375.

qui attestent la vérité d'un fait, je n'en connais point de plus péremptoire que celle-là... car Dieu ne se sert pas du mensonge pour toucher les cœurs et les convertir[1]. »

De ce qui précède, il résulte :

1° Qu'il existe bon nombre de miracles et dans l'ordre *physique* et dans l'ordre *moral*, parfaitement constatés, obtenus par l'intercession de Notre-Dame de la Salette, ou par l'usage de l'eau de la fontaine merveilleuse ;

2° Que ce serait faire preuve d'une critique outrée que de dénier à ces miracles toute force probante en faveur de la *réalité* de l'Apparition, sous prétexte qu'ils n'ont pas été *directement* opérés en confirmation de ce fait ;

3° Qu'entre l'Apparition sur la Montagne et les miracles opérés, il y a une relation suffisante, pour que de la réalité des miracles on puisse logiquement conclure à la réalité de l'événement de la Salette.

III.

« L'Eglise n'a pas encore constaté la réalité du » miracle de la Salette. »

Que signifient ces paroles ? Veulent-elles dire que les fidèles ne seront fondés à croire l'Apparition de la Salette comme certaine et indubitable, que lorsque l'Eglise l'aura sanctionnée de son autorité infaillible et qu'elle l'aura mise au rang

[1] *Nouveau Récit de l'Apparition de la sainte Vierge*, etc., p. 31.

des articles de foi ? — Evidemment, Mgr de Reims n'a pas pu émettre une opinion aussi peu théologique. « Il n'est pas besoin de beaucoup de théologie, en effet, dit Mgr Ginoulhiac, pour reconnaître que, si à l'égard des articles de foi qui réclament un assentiment ferme et inébranlable, il faut l'enseignement infaillible de l'Eglise ; en ce qui regarde les faits dont il s'agit (des faits comme celui de la Salette) qui ne peuvent être l'objet que d'une croyance pieuse, une décision de l'autorité légitime peut suffire, quoiqu'elle soit elle-même sujette à l'erreur.[1] »

L'assertion contraire ne tendrait à rien moins qu'à ravir à chaque évêque le droit que lui confère le Concile de Trente de prononcer sur les nouveaux miracles. « Quelque sagesse, en effet, dit encore Mgr Ginoulhiac, qu'un évêque apporte dans un examen de ce genre, quelque concours qu'il trouve dans la dévotion des peuples, après tout, il n'est pas infaillible dans le jugement qu'il prononce ; le miracle qu'il croit vrai pourrait être faux. Le saint-siége lui-même ne pourrait pas non plus donner une approbation authentique à des visions ou à des apparitions particulières ; car tous les théologiens conviennent qu'on ne doit ni ne peut donner un assentiment de foi divine à ces apparitions même approuvées, et que l'approbation leur imprime seulement le caractère d'une vraie probabilité.[2] »

---

[1] *Mandement cité*, p. 43.
[2] *Ibid.*, p. 42, 43.

Pour que l'on puisse dire que le miracle de la Salette est constaté, il n'est donc pas nécessaire qu'il soit revêtu d'une certitude absolue et proprement dite, ou si l'on aime mieux, basée sur une autorité infaillible; une certitude morale, ou si l'on veut, une très-grande probabilité est suffisante. Cette très-grande probabilité est acquise à un fait miraculeux obtenu par l'intercession d'un serviteur de Dieu, béatifié ou canonisé, quand l'évêque diocésain, après avoir pris les précautions indiquées par le saint Concile de Trente, a déclaré que le fait est *certain* et *indubitable*. Un tel jugement est canonique; et bien qu'il doive être respecté, il n'impose à personne l'obligation rigoureuse d'y donner une pleine et entière adhésion.

Ceci ne peut être contesté que par ceux qui ne connaissent pas la théologie ; aussi est-il évident pour nous que Mgr de Reims n'a pas plus voulu dénier à Mgr de Grenoble le droit de rendre un jugement doctrinal sur le fait de la Salette, qu'il n'a prétendu émettre l'opinion insoutenable, que pour être fondé à croire ce miracle, on doit attendre une décision infaillible de l'Eglise, comme s'il s'agissait d'un article de foi.

Qu'a donc voulu dire l'illustre prélat? — Le voici, croyons-nous.

Le Pape, comme chef de l'Église, ne s'est pas prononcé encore sur l'Apparition de la Salette ; dans ses actes *publics*, le Saint-Père *s'abstient* d'énoncer sa foi *personnelle* au miracle; Sa Sainteté encourage la dévotion ; elle ne se prononce pas sur le fait. Du reste, la croyance *personnelle* du Pape à un *fait* n'impose à personne l'obligation de croire.

Ramenée à ces termes, la pensée de Mgr de Reims est d'une exactitude incontestable. « Mais s'il est vrai, dit Mgr Ginoulhiac, que le Souverain Pontife n'a pas prononcé sur le *fait de l'Apparition, et que la procédure prescrite* par les règles et les usages du saint-siége pour une décision apostolique sur des faits de ce genre, n'a pas eu lieu ; il ne l'est pas moins que le Saint-Père a donné à la *dévotion de la Salette* l'approbation la plus authentique.... Et craignant aujourd'hui qu'elle ne pût souffrir quelque atteinte des contradictions récemment soulevées, il nous a rappelé à nous-même le devoir qui nous est imposé de prémunir les fidèles contre ce péril.[1] »

Dans la lettre du Souverain Pontife à laquelle Mgr Ginoulhiac fait ici allusion, Sa Sainteté se plaint de ce que « les discours et les écrits de quel- » ques hommes inconnus ont fait planer *un soupçon* » *de fausseté sur le fait de la Salette*, et que le culte » même qui est rendu sur cette montagne à la très- » sainte Mère de Dieu est mis en dispute.[2] » C'est pourquoi le Souverain Pontife recommande à Mgr l'Evêque de Grenoble, de défendre la vérité du fait de la Salette et de prémunir les fidèles contre les périls qui environnent la dévotion qui en découle.

---

[1] *Mandement cité*, p. 43.

[2] Jam vero explorata res est, ignotorum hominum sermonibus ac scriptis *factum* montis Salette venire nunc in suspicionem falsitatis, cultumque ipsum qui eò loci SS. Dei Matri adhibetur, adduci in contentionem.

« Quant au fait, dit le Saint-Père, qui a été publié
» en tant de manières, et qui a été reconnu par
» l'évêque votre prédécesseur, sur des preuves et des
» documents que vous avez certainement en main,
» rien ne s'oppose, dès que vous le trouverez à pro-
» pos, à ce que vous puissiez l'examiner de nouveau
» et le démontrer publiquement. [1] Et s'il en est be-
» soin, c'est un devoir de votre charge et de votre
» sollicitude pastorale d'informer votre troupeau
» des périls qui environnent cette même dévotion
» et de le prémunir contre eux. [2] »

Obéissant aux recommandations du chef de
l'Eglise, Mgr Ginoulhiac prit la défense non-seulement de la *dévotion* à Notre-Dame de la Salette,
mais surtout du *fait* qui a donné naissance à cette
dévotion, dans son beau mandement du 4 novembre 1854, portant condamnation du livre intitulé : *Affaire de la Salette, Mémoire au Pape*, etc.
Dans ce mandement, le savant prélat adhère *offi-
ciellement* à celui de Mgr de Bruillard, en date du
19 septembre 1851, qui juge que « les fidèles sont
» fondés à croire l'Apparition de la sainte Vierge
» aux deux bergers indubitable et certaine. »

Etant allé à Rome, sur la fin de l'année 1854, à
l'occasion de la proclamation du dogme de l'Im-
maculée Conception, Mgr Ginoulhiac eut deux

---

[1] Et factum multis modis evulgatum, probationibus et documentis,
quæ apud te certe exstant, ab episcopo decessore tuo agnitum, nihil
impedimento est, quominus, ubi id censueris opportunum, possis
præ necessitate vel utilitate iterato expendere, illudque publicè
demonstrare.

[2] *Mandement cité*, p. 3, 4.

audiences du Saint-Père. « Dans les deux audien-
» ces que j'ai eu l'honneur d'avoir, écrit le prélat, je
» dois à la vérité, il est de mon devoir de le décla-
» rer, le Saint-Père m'a dit formellement qu'il *fallait*
» *maintenir la dévotion de Notre-Dame de la Sa-*
» *lette; qu'il s'en tenait à la lettre qu'il m'a écrite;*
» *et que dans mon mandement qu'il a lu, je l'ai*
» *exactement interprétée.*[1] »

Il est évident, d'après ce qui précède, que la
dévotion à Notre-Dame de la Salette a les sympa-
thies du Souverain Pontife, et de plus, que Sa
Sainteté désire que l'on croie à la *réalité* de l'Apparition, puisqu'Elle se plaint de ceux qui par leurs
discours et par leurs *écrits* sèment le doute sur la
vérité de ce fait, et qu'Elle veut qu'on le défende
contre leurs attaques.

Ces intentions sont trop manifestes pour que
nous nous arrêtions à les rechercher dans les
indults concédés par le Pape en faveur de la
Salette. Bien que tous ces actes de juridiction pontificale aient été accomplis par suite du fait, en vue
de ce fait, pour célébrer ou perpétuer la mémoire de
ce fait, des esprits pointilleux et subtils pourraient
nous objecter que toutes ces grâces, toutes ces faveurs prouvent bien, à la vérité, que la dévotion à
la Salette est bonne, mais qu'elles n'établissent
nullement la vérité du fait, par la raison qu'il suffit
qu'un concours de peuple se porte en tel lieu, que
la dévotion des fidèles bonne en soi se manifeste
d'une manière éclatante sous tel titre, pour que

[1] *Lettre à M. l'abbé Barthe. Pourquoi je crois à la Salette,* p. 143.

Rome favorise et ce concours et cette dévotion par des indulgences. En ouvrant les trésors de l'Eglise, en pareille circonstance, Rome, ajoute-t-on, n'a en vue que de favoriser la dévotion, et nullement de certifier la réalité du fait qui y a donné lieu.

Les faveurs de Rome, dans le cas qui nous occupe, ont surtout pour but, nous le reconnaissons, de favoriser la dévotion ; mais est-il logique d'en conclure de suite que la concession de ces grâces ne prouve rien en faveur du fait qui a donné naissance à cette dévotion ? On devrait, ce nous semble, en conclure tout le contraire. Ces indults, ces indulgences dont Rome favorise une dévotion qui se rattache à un fait, ne forment-ils pas, avec le concours extraordinaire des peuples, une forte présomption de la vérité de ce fait ? Et quand un indult accordé en faveur d'une dévotion est conçu dans des termes qui impliquent évidemment la reconnaissance de la réalité du fait qui a donné naissance à cette dévotion, un tel indult ne prouve-t-il rien en faveur du fait ? — Répondre négativement serait évidemment faire preuve d'une critique excessive.

Or, par un indult du 2 décembre 1852, Sa Sainteté Pie IX accorde, sur la demande de Mgr l'Evêque de Grenoble, la permission de solenniser, chaque année, le 19 septembre, anniversaire du jour de l'Apparition (ce sont les termes de l'indult, *vel ipso Apparitionis die*), ou le dimanche suivant, dans toutes les églises du diocèse, par une messe solennelle et le chant des vêpres en l'honneur de la sainte Vierge.

Le même indult autorise les prêtres à célébrer la mémoire de cette apparition (*Memoriam hujus Apparitionis recolere*) par la récitation de l'office et par la célébration de la messe du *Patronage de la sainte Vierge.*[1]

Par un indult du 10 février 1857, N. S. P. le Pape Pie IX accorde en faveur de la confrérie de Notre-Dame de la Salette, érigée en l'église des Récollets, à Saint-Trond, en Belgique, entre autres faveurs, celle d'une indulgence plénière « à gagner » pendant le *triduum* qui se célèbre dans ladite » église, les 17, 18, 19 septembre, en mémoire de » l'Apparition de la sainte Vierge (*In memoriam* » *Apparitionis B. M. V.*).[2] »

Cet indult présente ceci de remarquable, que la concession en est signée et écrite tout entière, dans l'original, *propriâ manu*, par l'auguste Pie IX, preuve que Sa Sainteté croit *personnellement* à la Salette[3].

Est-ce assez clair? Pour qui respecte la sagesse de Rome, ces indults, dans les termes qui les expriment, ne prouvent-ils rien en faveur du fait de la Salette? Ne sont-ils pas une confirmation *indirecte* du mandement doctrinal de Mgr de Bruillard, qui d'ailleurs, avant de le publier, avait eu soin de le soumettre au jugement du saint-siége?

---

[1] Voir à la fin le texte entier de cet indult, *Annexe I*, p. 50.

[2] Dans le courant de l'année 1857, l'indult précité a été accordé par la *Congrégation des indulgences*, sans difficulté aucune, sans observation, aux PP. *Passionistes* de Ruremonde.

[3] Voir à la fin le texte entier de cet indult, *Annexe II*, p. 51.

Résumons. Quand Mgr l'Archevêque de Reims dit que « le miracle de la Salette n'a pas encore été constaté par l'Eglise, » ces paroles ne peuvent signifier dans la bouche du prélat, que pour être fondé à croire l'Apparition de la Salette certaine et indubitable, il faut que l'Eglise intervienne par un jugement infaillible, puisqu'il ne s'agit pas ici d'un fait qu'on doit croire de foi divine, un article de foi, en un mot.

Les paroles de Mgr Gousset ont donc un autre sens. Elles peuvent signifier que l'Eglise, par l'organe de son chef, n'a pas prononcé encore de jugement sur le fait de la Salette, et que la procédure prescrite par les règles et les usages du saint-siége pour une décision apostolique sur des faits de ce genre, n'a pas encore eu lieu. Si telle est la pensée de Mgr l'Archevêque de Reims, rien de plus vrai.

Mais alors que Son Eminence nous permette de lui faire remarquer :

1° Qu'en dehors d'un jugement proprement dit, Rome s'est assez expliqué par ses actes et par ses paroles, pour faire entendre à qui veut entendre, que ses intentions sont que l'on croie à la *réalité* de l'Apparition de la Salette, et que la dévotion basée sur ce fait soit *maintenue* et *propagée*.

2° Qu'aucun sanctuaire, excepté celui de Lorette, n'a eu une origine différente de celle de la Salette, une origine sur laquelle l'Eglise se soit prononcée *directement* et autrement que par concession de grâces, de faveurs et de priviléges spirituels ;

3° Que pour être fondé à donner son assentiment à un fait tel que celui de la Salette, qui ne doit pas être cru de foi divine, mais seulement de foi humaine ou naturelle, il suffit d'un jugement rendu par l'autorité compétente, c'est-à-dire par l'évêque diocésain, un jugement comme celui qui a été rendu par Mgr de Bruillard dans l'affaire de la Salette.

IV.

« Le miracle de la Salette n'a pas encore subi » sa *quarantaine*. »

Et combien doit durer cette *quarantaine?* Il y a aujourd'hui douze ans et trois mois que le miracle résiste à toutes les objections, à toutes les suppositions, à toutes les inventions, à tous les mensonges, à toutes les calomnies, à toutes les injures : n'a-t-il donc pas subi une *quarantaine suffisante?* Et quand après cinq ans de recherche, d'observation, d'examen et de patiente attente, l'Evêque de Grenoble proclamait, le 19 septembre 1851, la réalité de l'Apparition de la Salette, la *quarantaine* n'était-elle pas suffisante? A-t-elle été trouvée insuffisante à Rome? Le miracle de *Rimini* et celui de M. de *Ratisbonne* ont été proclamés *réels* au bout de cinq ou six mois, la *quarantaine* était donc bien insuffisante? Après dix-huit siècles et demi, les faits évangéliques sont encore en *quarantaine* pour les incrédules! Encore une fois, combien de temps la Salette doit-elle rester en *quarantaine?*

Au reste, nous ne contestons pas à Mgr Gousset le droit d'exiger que le miracle de la Salette fasse encore sa *quarantaine* aux frontières du diocèse de Reims; mais Son Eminence devra bien aussi reconnaître, que les évêques, français et étrangers qui, pour leurs diocèses respectifs, se sont montrés moins difficiles à lever la *quarantaine*, n'ont pas agi trop à la légère; insinuation injurieuse que l'on pourrait déduire des paroles trop générales que nous venons de réfuter.

V.

« Plusieurs prêtres respectables du diocèse de » Grenoble et des diocèses voisins, plusieurs ar- » chevêques et évêques de France non-seulement » ne croient pas au miracle de la Salette, mais ils » désirent même que les fidèles n'y croient pas. »

Le diocèse de Grenoble compte au moins 850 prêtres sur lesquels les coryphées de l'opposition n'ont osé compter, en 1854, que 50 des leurs. Encore n'ont-ils pu obtenir la signature d'aucun d'eux. C'est *un* opposant contre 17 croyants. Cette proportion est aujourd'hui notablement diminuée, surtout depuis le 19 septembre 1857, date de l'admirable *Lettre-circulaire* de Mgr Ginoulhiac, sur le fait de la Salette. Celui qui est à la tête de l'opposition est un prêtre deux fois interdit, qui par

sprit de vengeance s'attaque à la Salette, passe
ans cesse à côté de la vérité, ne craint pas d'in-
enter, de mentir, même en employant des noms
ropres. Toutes ses assertions ont été démenties les
nes après les autres; mais il est infatigable et
effronté. Voilà le chef de l'opposition à laquelle
Verger a fait beaucoup d'honneur en déclarant
« qu'il ne voulait pas se confesser *à un prêtre
qui croit à la Salette.* »

Les prêtres respectables de Grenoble qui ne
croient pas au fait de la Salette, se respectent assez
eux-mêmes, et respectent assez l'autorité épiscopale pour ne rien dire, pour garder un silence
absolu. Quant à ceux qui ont parlé et écrit, ils
sont mis à leur place par leurs confrères; ils doivent rougir d'avoir eu pour porte-étendard un
prêtre deux fois interdit. C'est ce prêtre interdit et
une poignée de ses adhérents que le discours
synodal va réjouir, comme déjà il a réjoui les
protestants qui ont fait à ce discours les hon-
neurs de la reproduction, avec commentaire, dans
le *Chrétien belge*, revue mensuelle publiée à Bru-
xelles, sous la direction du pasteur L. Anet [1].
Mgr de Reims a-t-il pu parler dans ce but?
A-t-il voulu contrister l'immense majorité des
croyants, des historiens et des apologistes du fait
de la Salette, et réjouir les hérétiques?

Quant aux archevêques et évêques qui désirent
que les fidèles ne croient pas au fait de l'Apparition,
nous ne les connaissons que par le discours synodal

---

[1] Voir le n° de novembre 1858, p. 216-218.

prononcé à Reims. S'ils ont ce désir, aucun d'eux ne l'a manifesté jusqu'ici.

Parmi les prêtres respectables invoqués contre la Salette, Mgr de Reims compte sans doute le saint curé d'Ars, dont les opposants se sont fait jadis un rempart contre la sainte Apparition. Eh bien! aujourd'hui que M. Vianay manifeste hautement sa foi à la Salette, son autorité devientra-t-elle nulle?

Voici ce que le saint curé disait naguère à M. Gérin, vicaire général de Grenoble, qui, sur la parole de son évêque, s'était rendu à Ars : « Maintenant, il ne me serait plus possible de ne » pas croire à la Salette. *J'ai demandé des signes* » *pour croire à la Salette, et je les ai obtenus. On* » *peut et on doit croire à la Salette...* J'envoie tout » le monde à la Salette, et je suis témoin de bien des » miracles obtenus par Notre-Dame de la Salette.[1] »

C'est donc en vain que l'on voudrait désormais invoquer contre la Salette l'autorité de M. le curé d'Ars : Notre-Dame de la Salette triomphe complétement aujourd'hui de l'opposition que paraissait lui faire un saint.

VI.

Son Eminence veut que les peuples distinguent entre la *dévotion* et le *fait* de la Salette. Or, les peuples ne l'ont pas fait, ni ne le feront. Donc il

---

[1] *Lettre de M. l'abbé Gérin*, écrite de Lyon, le 13 octobre 1858, à Mgr Ginoulhiac.

aut arrêter tout court leur élan vers la Montagne, nterdire les prédications contre le blasphème et la profanation des saints jours, en tant que ces crimes font partie des reproches de la Vierge de la Salette; interdire les confessions et les communions qui se font à la Salette par milliers chaque année, car tout cela a lieu en conséquence du fait, parce que les peuples croient au fait. Qu'on dise donc quel mal produit la croyance de ce fait; et pourquoi la dévotion prêchée en dehors du fait ne produit pas les mêmes effets? Qu'on dise pourquoi ce fait doit être distingué de la dévotion?

Quand Mgr de Reims affirme qu'il autorisera la dévotion à Notre-Dame de la Salette, lorsque les peuples ne confondront plus la *réalité d'une apparition* miraculeuse avec la *dévotion à la sainte Vierge,* autant dire que Son Eminence ne l'autorisera jamais, car la confusion subsistera toujours. Mgr Gousset ne permettra donc jamais ni la *confrérie* autorisée par le Pape, ni les prédications sur les plaintes et les menaces de la sainte Vierge, qui produisent partout les plus heureux résultats par la cessation du blasphème, de la profanation des saints jours, par les associations récemment formées pour l'extirpation des blasphèmes et pour la sanctification du dimanche, associations dont la source originelle remonte à l'événement du 19 septembre 1846! — A dire vrai, quelle peut être la dévotion à Notre-Dame de la Salette, si le fait sur lequel elle s'appuie, n'est qu'une chimère? Nier le fait, n'est-ce pas tuer la dévotion, ou du moins l'affaiblir considérablement?

Puisque les fidèles ne doivent pas confondre la dévotion à la sainte Vierge avec les faits plus ou moins probables qui la font invoquer sous le nom de Fourvières, de la Garde, de Liesse, de la Treille, de Montaigu, etc., etc., pourquoi ne pas blâmer et défendre toutes ces dévotions jusqu'à ce que la confusion universelle ait cessé? Mais aussi, pourquoi la sainte Vierge donne-t-elle lieu à cette confusion dans les centaines de sanctuaires qu'elle s'est fait élever dans l'univers catholique? Les innombrables miracles qui s'opèrent en faveur de la dévotion ne disent-ils rien en faveur du fait de la Salette? Et si le fait est une erreur, comment cette erreur est-elle devenue universelle? Comment produit-elle tant de bien, tant de conversions?

— Admettre, d'une part, que l'Apparition de la Salette est un événement chimérique, et, d'autre part, recommander la dévotion à Notre-Dame de la Salette, n'est-ce pas justifier le reproche que les protestants font sans cesse à l'Eglise catholique, de recourir au mensonge, aux fraudes pieuses, dans le dessein d'établir sur la terre le règne de la vérité et de la justice?

On oublie trop que, pour étendre le culte de Marie, il suffit d'un fait vraiment probable. Ainsi, la chapelle où s'est converti M. de *Ratisbonne*, est devenue tout de suite le but d'un concours et d'une dévotion particulière. Et cependant le cardinal Patrizzi seul, et non le Pape, s'est prononcé sur le miracle de cette conversion. Est-il juste de ne vouloir pas appliquer à la Salette les règles qu'on applique aux autres faits de même genre?

VII.

Notre tâche est terminée. Nous l'avons accomplie, croyons-nous, sans manquer aux égards dus à un prince de l'Eglise, que nous vénérons. Nous n'avons point critiqué la décision prise au dernier synode provincial de Reims ; nous avons reconnu, au contraire, la légitimité de cet acte. Nous n'avons point contesté à Mgr Gousset le droit de ne pas croire à la Salette ; nous nous sommes borné à discuter les motifs de son incroyance. Nous en avions le droit, puisque sur le fait dont il s'agit, rien ne nous obligeait à partager l'avis de Son Eminence. Nous savions qu'on abuserait nonseulement contre la Salette, mais même contre la religion, des paroles prononcées au dernier concile de Reims ; c'est pourquoi nous avons cherché à les expliquer, à en préciser la portée, à les légitimer jusqu'à un certain point. Nous sommes ainsi, croyons-nous, entré dans les intentions de Mgr Gousset lui-même.

Quant au *fait* de la Salette, il ne peut pas, selon nous, souffrir une bien grave atteinte des paroles que le *Journal historique de Liége* met dans la bouche de Mgr l'Archevêque de Reims. Ce fait est prouvé *directement* et en lui-même ; il est prouvé *indirectement* et par ses effets *physiques* sur les corps et par ses effets *moraux* sur les âmes. Une négation de ces preuves ne les anéantit point dans l'esprit de ceux qui les ont étudiées.

Des négations, rien que des négations, voilà

à quoi se réduisent le discours de Mgr l'Archevêque de Reims et tous les écrits des opposants à la Salette. Si vous demandez, en effet, à ces MM. quels sont les motifs de leur doute ou de leur incrédulité, ils ne vous répondent que par des raisons *purement négatives*. Il n'en est pas de même des croyants. Ceux-ci, au contraire, vous allèguent des raisons *très-positives* de leur foi. En cas pareil, de quel côté doit se ranger l'homme qui raisonne ses convictions?

Pour finir, opposons à l'autorité de Mgr de Reims, celle d'autres personnages qui ont bien aussi leur valeur.

1° A la tête des adhérents à la Salette, nous placerons N. S. P. le Pape Pie IX, car il est évident pour nous que Sa Sainteté croit *personnellement* à ce miracle.

2° Plusieurs membres du sacré collége, tels que le cardinal Fornari, le cardinal Lambruschini ; (ce dernier prêchait la Salette à Rome même); le cardinal Villecourt, qui a écrit un ouvrage pour démontrer la réalité du fait; le cardinal Wiseman, qui a approuvé les litanies de Notre-Dame de la Salette ; le cardinal Morlot, qui vient d'autoriser, à Vaugirard, l'érection d'une chapelle dédiée à Notre-Dame de la Salette; le cardinal Patrizzi, qui naguère a fait demander de l'eau à la Montagne pour sa mère malade, etc., etc.

3° Soixante-dix évêques de France, dix de Belgique et de Hollande, un grand nombre d'Angleterre, d'Amérique, d'Italie, de Portugal, etc., qui tous croient à la réalité de l'Apparition du 19 septembre 1846, et permettent avec plus ou moins de publicité le culte de Notre-Dame de la Salette.

4° Plus de 50 historiens et défenseurs du fait de la Salette et parmi ceux-ci se trouvent, outre les deux évêques de Grenoble, les évêques d'Orléans, de Sens, de Verdun, de la Rochelle, d'Alger (Mgr Dupuch), de Luçon (Mgr Baillès), de Birmingham (Mgr Ullathorne), de Milan (Mgr Romilli), d'Urbin (Etats-pontificaux), etc.

Le nom de Son Eminence le cardinal Gousset eut sans doute figuré avec honneur à côté de ceux de tant de personnages illustres. Nous nous consolons toutefois de ne l'y point voir figurer, parce que nous sommes intimement convaincu que les paroles prononcées au dernier synode provincial de Reims, comme toutes les oppositions antérieures à un fait désormais acquis à l'histoire, connu et respecté de l'univers entier depuis douze ans, tourneront en définitive à la glorification de celle qui, dans son amour maternel, a daigné descendre du ciel, sur une des plus hautes montagnes des Alpes, pour nous donner de graves avertissements par la bouche de deux pauvres bergers.

Puissent ces quelques pages, nécessairement écrites un peu à la hâte, porter au loin le respect et l'amour de Notre-Dame de la Salette ! Je les dépose à ses pieds comme un faible hommage de mon dévouement, de ma reconnaissance et de mon amour ; je supplie son cœur de mère de les agréer et de les bénir.

RÉSUMÉ

COURT ET CLAIR

DES MOTIFS QU'UN CATHOLIQUE A DE CROIRE

A LA RÉALITÉ D'UNE APPARITION

de la Ste Vierge sur la montagne de la Salette

LE 19 SEPTEMBRE 1846.

———

1° L'Apparition de la sainte Vierge de la Salette eut lieu le 19 septembre 1846. Dès le lendemain, le fait fut connu au village de la Salette et dans le bourg de Corps. Il fut accueilli avec confiance par les uns, avec défiance par d'autres, avec incrédulité par un grand nombre ; cela devait être.

2° Au bout de quelques jours, il fut connu dans les pays environnants ; il parvint bientôt jusqu'à Grenoble. Dès lors l'autorité diocésaine eut à s'en occuper comme d'un fait sortant de l'ordre commun.

Elle commença à informer, mais prudemment, avec une sage lenteur, sans prévention comme sans enthousiasme. Il fut défendu au clergé d'en parler en chaire et de se prononcer prématurément avant la décision de l'autorité.

3° La croyance à la réalité d'une apparition gagna bientôt la presque totalité des habitants de la Salette, du canton de Corps et des cantons limitrophes. Un changement notable en bien s'opéra subitement dans les mœurs et les habitudes de ces contrées irréligieuses. En dehors de toute action du clergé et malgré son silence absolu, les habitants du canton commencèrent à se transporter sur la montagne en vrais et pieux pèlerins ; ils cessèrent leurs blasphèmes, leurs travaux de dimanche, et reprirent le chemin des églises.

4° Une guérison arrivée à Corps, celle de la femme Laurent, malade depuis plus de vingt ans, connue de tous, fit la plus profonde impression. Elle avait déjà invoqué Notre-Dame de la Salette et s'était fait apporter de l'eau de la montagne. Il fut bientôt reconnu que d'intermittente la fontaine était devenue intarissable ; ce qui accrut la foi et la confiance.

5° Cependant, et quelques jours seulement après le 19 septembre, des prêtres et des laïcs instruits accoururent à Corps, visitèrent les lieux, et firent subir de longs et minutieux interrogatoires aux deux bergers, tantôt réunis, tantôt séparés. On fut étonné de la sagacité de ces petits pâtres à répondre à de nombreuses questions, à des difficultés, à des subtilités par lesquelles on voulait s'assurer qu'ils disaient vrai, et qu'ils ne se contredisaient ni entre eux, ni avec eux-mêmes.

6° Bientôt le bruit des miracles opérés dans les lieux étrangers au département se répand, s'accrédite et détermine les populations lointaines à se rendre en pèlerinage à la montagne devenue célèbre, et dès lors regardée comme sainte, mais sur laquelle il n'y avait encore ni chapelle, ni autel, ni prêtre, ni rien qui pût attirer ou satisfaire la piété ou même la simple curiosité. — Les pèlerins commencèrent à emporter de l'eau de la fontaine. La sœur Saint-Charles d'Avignon fut, au vu et au su de toute la ville, retirée des portes du tombeau par le recours à Notre-Dame de la Salette et par l'usage de cette eau réputée merveilleuse. Beaucoup d'autres guérisons extraordinaires, arrivées ailleurs frappaient d'étonnement et faisaient grossir de jour en jour le nombre des pèlerins. Il y en eut près de cent mille la première année, et au premier anniversaire 60,000 couvrirent la montagne.

7° Deux commissions, formées par Mgr l'Evêque, délibérèrent séparément et secrètement. Elles conclurent qu'il ne fallait s'opposer à rien, puisque tout se passait régulièrement et religieusement, mais aussi qu'il n'était pas encore temps de se prononcer et qu'il fallait attendre. — Toujours profond silence de la part de l'Evêque et de son clergé.

8º Deux prêtres délégués en 1847 parcourent neuf diocèses du midi de la France. Partout il n'est bruit que de la Salette et des miracles opérés par l'intercession et par l'usage de l'eau de Notre-Dame de la Salette. Ils s'assurent en particulier de la guérison de la Sœur Saint-Charles, et sur cette question ils consultent Mgr Nando, archevêque d'Avignon, qui leur répond qu'il ne doute pas plus de la guérison de cette sœur qu'il ne doute de la résurrection de Lazare.

9º En novembre et décembre 1847, une grande Commission de 16 membres du clergé est réunie au palais épiscopal sous la présidence de Mgr l'Evêque. La question de la Salette y est débattue contradictoirement, et le rapport des deux délégués y est discuté sérieusement dans huit séances. A la fin, Mgr l'Evêque déclare se réserver la décision quand il en sera temps.

10º Cependant le bruit des miracles va toujours grandissant; le pèlerinage devient toujours plus nombreux, nonobstant la révolution de 1848; il est de plus en plus édifiant, et présente un concours soutenu de pèlerins de toutes nations, de toutes langues, de tous états, de toutes conditions. Tous les pèlerins, pendant quatre ans, peuvent voir, interroger, sonder les deux petits pâtres, auteurs de tout ce grand mouvement. Tous jugent que ces enfants n'ont pu être trompeurs, ni trompés.

11º Huit mois après l'Apparition, on commence à repandre des écrits sur le fait. L'Apparition est racontée, discutée et prouvée véritable. D'autre part, arrivent à l'évêché de Grenoble des difficultés, des objections. Tout est recueilli, examiné, apprécié et réduit à sa juste valeur. La plupart des pèlerins, parmi ceux surtout que distinguent la piété, le savoir et leur position dans l'Eglise ou dans le monde, en passant par la ville épiscopale, font part au prélat, ou à ses consseillers, de leurs impressions et de leurs convictions, toutes favorables au fait de l'Apparition.

12° En 1848 et 1850, Monseigneur autorise la publication de *la Vérité* et des *Nouveaux documents sur la Salette*, mais ne se prononce pas encore comme juge du fait. Cependant il prépare son mandement, l'élabore au sein de son conseil, le communique à quelques-uns de ses vénérables collègues, et finit par l'envoyer à Rome, d'où il lui revient avec quelques observations auxquelles le prélat s'empresse d'obtempérer. Enfin, en novembre 1851, après un délai et un examen de cinq ans, ce mandement ardemment sollicité par le plus grand nombre des diocésains et des étrangers, prêtres et laïques, quelque peu redouté par un petit nombre d'opposants, est mis au jour, publié et lu dans les 600 églises du diocèse. Il est envoyé à presque tous les évêques du monde. Bientôt il est traduit dans toutes les langues. A Rome, il est imprimé dans les journaux soumis à la censure pontificale. De nombreuses adhésions arrivent de toutes parts au vénérable auteur de ce jugement doctrinal. L'année suivante, Sa Sainteté Pie IX, par neuf rescrits expédiés en moins de trois mois, accorde les plus précieuses faveurs au nouveau sanctuaire de la Salette, aux missionnaires qui le desservent, aux pèlerins qui le fréquentent. Par le dernier, du 2 décembre 1852, Sa Sainteté permet à tout le diocèse de célébrer chaque année par l'office et la Messe de la sainte Vierge l'anniversaire de l'Apparition.

D'après cet aperçu historique, auquel je pourrais ajouter beaucoup d'autres choses, voici ma profession de foi sur la Salette.

Je crois à la vérité de l'Apparition de la sainte Vierge sur la montagne de la Salette, qui eut lieu le 19 septembre 1846 :

1° Parce que d'un examen de cinq ans et de toutes les précautions prises, pendant ce long laps de temps, il résulte pour moi une *certitude morale* ou *la plus grande probabilité* que l'on puisse *humainement et religieusement* acquérir, que les deux petits bergers de la Salette, dans leur récit de l'Apparition, n'ont été *ni trompeurs, ni trompés.*

2° Parce que, depuis dix ans et sans discontinuation, et dans une infinité de lieux, et sur un grand nombre de malades, ont été opérées des guérisons tellement merveilleuses, tellement en dehors de toutes les lois de la nature, et d'ailleurs si parfaitement constatées par la voix publique, et quelques-unes mêmes par un jugement épiscopal, qu'elles constituent de *vrais miracles* opérés par l'invocation de Notre-Dame de la Salette *et par l'usage de l'eau* de la fontaine merveilleuse. Mais je crois en même temps que Dieu ne peut, par de *vrais miracles*, autoriser ni une abominable imposture, ni une jonglerie sacrilège.

3° Parce qu'en fait d'événements *religieux* et *surnaturels* je dois m'en rapporter, non à mon sens privé, non à mon examen particulier, comme font les protestants, mais à la *décision doctrinale et canonique* des deux évêques de Grenoble, unis de communion avec le Souverain Pontife, et agissant même avec son assentiment. Or, ces deux Evêques ont publié des mandements très-explicites sur la vérité du fait de la Salette, et le premier surtout a reçu l'adhésion, *au moins implicite*, de Rome, ainsi que des adhésions nombreuses, explicites ou implicites d'un très-grand nombre d'Evêques de la catholicité. En un mot, je crois à la vérité de l'Apparition de la Salette, parce que cette Apparition a pour elle la plus haute sanction qu'elle puisse avoir : celle de l'autorité épiscopale, seule règle sûre pour la conscience d'un catholique, qui croit et confesse avec saint Paul, que Dieu a *établi les Evêques pour gouverner l'Eglise de Dieu.*

4° Parce qu'en dehors d'une intervention divine et surnaturelle, on n'expliquera jamais, d'une manière vraiment raisonnable, ce qui se passe sous nos yeux depuis dix ans :

1° Un pèlerinage toujours-soutenu, toujours nombreux, toujours édifiant, composé non-seulement de simples fidèles, mais de tout ce que l'Eglise et les Etats catholiques comptent d'hommes éminents par le caractère, par le rang, par la vertu et les lumières ;

2° Une fontaine intermittente devenue intarissable, reconnue merveilleuse, dont l'eau est envoyée ou emportée dans toutes les directions ;

3° Un sanctuaire magnifique qui s'élève sur une hauteur de 1,800 mètres, en l'honneur de Marie, et à la construction duquel l'univers entier contribue par les dons les plus généreux ;

4° 250 églises, sanctuaires, chapelles, oratoires, qui, dans toutes les parties du monde, se sont élevés comme par enchantement en l'honneur de Notre-Dame de la Salette ; qui tous se relient au sanctuaire de la montagne. et dont un grand nombre est aussi fréquenté par les pèlerins que le sanctuaire du mont révéré ;

5° Des conversions sans nombre, des conversions inespérées, des conversions plus extraordinaires que les guérisons corporelles ;

6° Une archiconfrérie établie par l'autorité du Souverain Pontife, qui compte déjà ses affiliations par centaines, et ses associés par centaines de mille ;

7° Une correspondance unique, extraordinaire, entre la Salette et l'univers entier ; correspondance qui en dix ans se monte au moins à 40,000 lettres ;

8° Tant de confessions, de communions et d'autres œuvres de charité, de zèle, de piété, de générosité, de pénitence, qu'a fait faire la Salette ;

9° Onze Evêques et plus de trente prêtres ou laïques instruits se sont faits les historiens, les apologistes, les apôtres de Notre-Dame de la Salette ;

10° L'inutilité des efforts tentés, des difficultés soulevées, des objections imaginées, des injures prodiguées, etc., pour anéantir, affaiblir la foi à la Salette, et qui, loin de lui nuire, n'ont servi qu'à la faire connaître, à étendre son culte, à augmenter la confiance à la puissante protection de Notre-Dame de la Salette ;

11° L'accomplissement progressif des menaces prophétiques faites sur la montagne : maladie de la vigne, des pommes de terre, etc. ;

12° Enfin, avertissements salutaires, solennels, adressés par la Mère de Dieu à l'univers entier ; avertissements qui ont retenti partout, qui sont si bien adaptés aux besoins de l'époque ; avertissements qui obtiennent les plus heureux résultats par la diminution du blasphème, de la profanation des saints jours, par les associations récemment formées pour l'extirpation des blasphèmes et pour la sanctification du dimanche.

Voilà les motifs de ma foi, motifs si puissants qu'ils me font regarder le fait comme *certain* et *indubitable*, puisqu'il réunit en sa faveur :

1° Le témoignage des deux enfants ;

2° Le témoignage du ciel ;

3° Le témoignage de l'autorité épiscopale ;

4° Le témoignage, enfin, d'une infinité d'hommes sages, éclairés, vertueux.

J'ajoute : La Salette, en dehors de l'intervention divine. en dehors d'une apparition céleste, devient inexplicable ; et pour échapper à un miracle, il faut admettre une multitude de miracles.

Si la Salette n'est qu'une fourberie ou une jonglerie, comment depuis dix ans produit-elle tant de bien, et ne produit-elle que du bien ? de bons effets peuvent-ils provenir d'une cause mauvaise ? On compte les sanctuaires de Marie par centaines. En est-il un seul qui doive son origine à une fausseté reconnue ?

Enfin, la Salette n'est pas démontrée fausse ; elle peut être vraie, elle peut être divine. En s'y opposant, en la combattant, en la calomniant, à quoi s'expose-t-on ? Un catholique qui la combat est-il en sûreté de conscience ? Ne s'expose-t-il pas à résister à Dieu lui-même ?

Je ne condamne pas, à la vérité, ceux qui ne croient pas ;
e ne les accuse pas d'incrédulité ; je ne les taxe pas d'héré-
sie ; je ne les mets pas hors de l'Eglise. Mais il m'est permis
le les regarder comme de *mauvais raisonneurs*, comme peu
raisonnables, comme ayant fait divorce avec la logique. Mais
je blâme hautement, et tout homme sensé flétrira énergique-
ment l'opposant systématique qui, pour combattre le fait de la
Salette, emploie l'injure, la fausseté, le mensonge, la calom-
nie, les réticences malignes, et autres armes dont les incrédules et les hérétiques se servent habituellement dans leurs
attaques contre la religion.

Grenoble, 21 novembre 1856.

L'abbé ROUSSELOT.

ANNEXES.

I.

TEXTE ET TRADUCTION D'UN INDULT PAPAL POUR LE DIOCÈSE DE GRENOBLE.

Reverendissimus Gratianopolitanus Episcopus sanctissimum Dominum nostrum Pium IX, Pontificem maximum, humillime rogavit ut quoniam Sanctuarium Beatæ Mariæ Virginis de la Salette existens in diœcesi suâ quàm pluribus decoratur privilegiis ab hac sanctâ apostolicâ Sede concessis, iisdem novum adjicere dignaretur indultum cujus vigore in omnibus suæ diœcesis ecclesiis, Apparitio imaginis Deiparæ de la Salette, recolatur cum unicâ Missâ solemni et Vesperis ut in festis Beatæ Mariæ Virginis, vel ipso Apparitionis die decimo tertio nimirum calendas octobris, vel in sequenti dominicâ. Sanctitas Sua, referente me suscripto sacrorum Rituum Congregationis prosecretario, benignè annuit, de speciali gratiâ jurtâ preces, dummodo, quoad Missam solemnem, non occurrat duplex primæ classis, et quoad ad Vesperas, qui ad Horas canonicas tenentur non omittant privatim recitare Vesperas officio diei respondentes.

Quodsi vero magis libuerit memoriam hujus Apparitionis recolere cum integro officio et Missâ, ut in festo Patrocinii

Le Révérendissime Evéque de Grenoble a humblement supplié Sa Sainteté, l'illustre Pontife Pie IX, de vouloir bien ajouter aux nombreux priviléges dont le Saint-Siége apostolique a bien voulu décorer le sanctuaire de la Bienheureuse Vierge Marie de *la Salette*, un nouvel indult en vertu duquel toutes les églises du diocèse puissent célébrer, comme aux fêtes de la Bienheureuse Vierge Marie par une messe solennelle et par le chant des Vêpres, *la mémoire de l'Apparition de la Mère de Dieu à la Salette*, ou le 19 septembre, jour même de l'Apparition, ou le dimanche suivant. Sur le rapport que moi soussigné, pro-secrétaire de la sacrée Congrégation des Rites, ai fait, Sa Sainteté, par une faveur spéciale, a bien voulu exaucer la demande telle qu'elle lui a été faite, pourvu que, par rapport à la Messe solennelle, il ne se rencontre aucune fète double de première classe et que, quant aux Vêpres, ceux qui sont tenus à l'office canonial ne manquent pas de réciter en particulier les Vêpres qui correspondent à l'office du jour.

Que si l'on préfère célébrer *la mémoire de l'Apparition* par l'office entier et les Vêpres du Patronage de la Mère de Dieu, Sa

Sainteté accorde volontiers que cela se fasse sous le rit double majeur, pourvu que l'on se conforme en tout aux rubriques, nonobstant toutes choses à ce contraires.

Le 2 décembre 1852.

A. Card. LAMBRUSCHINI, Préf. de la S. C. des Rites.

Dom. GIGLI, Pro-Secrét. de la S. C. des Rites.

ejusdem Deiparæ, Sanctitas Sua benignè hoc indulget ritu duplicis majoris, dummodo in omnibus rubricæ serventur, contrariis non obstantibus quibuscumque.

Die 2 decembris 1852.

A. Card. LAMBRUSCHINI, *S. R. C. Pref.*

Dom. GIGLI., *S. R. C. Pro-Secret.*

II.

TEXTE ET TRADUCTION D'UN AUTRE INDULT EN FAVEUR DE LA CONFRÉRIE DE N.-D. DE LA SALETTE, ÉRIGÉE EN L'ÉGLISE DES RÉCOLLETS, A SAINT-TROND.

Très-saint Père!

Le directeur de la Confrérie canoniquement érigée en l'église de Saint-François Solano des Frères Mineurs Récollets à Saint-Trond, en Belgique, sous le titre de *Notre-Dame Réconciliatrice de la Salette* prosterné aux pieds de Votre Sainteté, et les baisant avec un pieux respect, poussé par l'ardent désir de favoriser la dévotion des fidèles, Vous supplie très-humblement de daigner accorder à la dite Confrérie les indulgences suivantes :

1° Une indulgence plénière à gagner, le quatrième dimanche de chaque mois, par tous les fidèles de l'un et de l'autre sexe, qui s'étant confessés et ayant communié prieront dévotement dans la susdite église selon les intentions de Votre Sainteté.

2° Une indulgence plénière à gagner, avec les mêmes conditions, une fois pendant le *triduum* solennel qui se célèbre chaque

Beatissime Pater!

Rector Confraternitatis canonicè erectæ sub titulo Dominæ Reconciliatricis de la Salette in Ecclesiâ S. Francisci Solani Fr. Min. Recollectorum, in civitate Trudonensi, in Belgio, ad pedes B. V. humiliter provolutus, eosque devotè exosculans, summoperè desiderans devotionem fidelium fovere, demississimè supplicat S. V. ut, pro sua benignitate, dignetur prædictæ Confraternitati sequentes concedere indulgentias :

1° Indulgentiam plenariam, quartâ dominicâ cujusque mensis ab omnibus fidelibus utriusque sexûs lucrandam, qui sacramentaliter confessi et sacra communione refecti in prædicta Ecclesia ad mentem S. V. pias effuderint preces.

2° Indulgentiam plenariam semel lucrandam infra triduum quod singulari pompa et concursu populi celebratur diebus

17, 18 et 19 *mensis septembris in* memoriam Apparitionis B. M. Virginis, *dummodò cœdem conditiones adimpleantur.*

3° *Indulgentiam* 200 *dierum ab omnibus fidelibus lucrandum qui* Pater, Ave *et* Gloria *devotè recitaverint ante statuam Dominæ Reconciliatricis quæ in dictâ Ecclesiâ populi venerationi exponitur.*

4° *Rogat insuper orator ut præfatæ indulgentiæ applicari valeant, per modum suffragii, animabus fidelibus in purgatorio detentis.*

Quam gratiam[1]*, Die* 10 *februarii* 1857, *Benignè annuimus pro gratiâ servatis conditionibus ad lucran. indulg. necessariis.*

PIUS, PP. IX.

Publicentur ad majorem Dei gloriam et salutem animarum.

Leodii, 14a *martii* 1857.
† THEODORUS, *Episc. Leodiensis.*

année au milieu d'un grand concours de peuple, les 17, 18 et 19 septembre, *en mémoire de l'Apparition de la bienheureuse Vierge Marie.*

3° Une indulgence de 200 jours à gagner par tout fidèle qui récitera dévotement un *Pater*, un *Ave* et un *Gloria* devant la statue de Notre-Dame Réconciliatrice exposée à la vénération publique dans ladite église.

4° Le suppliant demande, en outre, que les indulgences qui précèdent soient applicables, par voie de suffrage, aux âmes du purgatoire.

Nous accordons volontiers ces faveurs, en témoignage de notre bienveillance, pourvu que les conditions requises pour gagner les indulgences soient observées.

Le 10 février 1857.

PIE IX, Pape.

Que les indulgences sus-mentionnées soient publiées pour la plus grande gloire de Dieu et le salut des âmes.

Liége, le 14 mars 1857.
† THÉODORE, Ev. de Liége.

---

[1] Les lignes qui suivent sont, dans l'original, écrites et signées par le Saint-Père lui-même, preuve que Sa Sainteté croit *personnellement* à la Salette.

FIN.